Spannende Abc-Geschichten
für Erstleser

Von verzauberten Wörtern
und lustigen Schulwegabenteuern

Liebe Eltern,

jedes Kind ist anders. Eines kennt bereits alle Buchstaben in der Vorschule und kann sie zu Wörtern formen. Ein anderes lernt das Abc beim Eintritt in die Schule. Für das spätere Leseverhalten ist das völlig unerheblich. Wichtig aber ist der Spaß am Lesen – und zwar von Anfang an. Darum muss sich die konzeptionelle Entwicklung von Lesetexten an den unterschiedlichen Lernentwicklungen der Kinder orientieren. Unser Bücherbär-Erstleseprogramm umfasst deshalb verschiedene Reihen für die Vorschule und die ersten beiden Schulklassen. Sie bauen aufeinander auf und holen die Kinder dort ab, wo sie sind. So wird der Lernprozess auch für den fortgeschrittenen Erstleser leichter und die Freude am Lesen hält ein Leben lang.

Die Geschichten in diesem Band richten sich an Leseanfänger in der 1. Klasse.

Spannende Abc-Geschichten für Erstleser

Von verzauberten Wörtern und lustigen Schulwegabenteuern

Mit Fragen zum Leseverständnis

Arena

1. Auflage 2017
© Arena Verlag GmbH, Würzburg 2017
Alle Rechte vorbehalten
Einbandillustration: Mechthild Weiling-Bäcker
Gesamtherstellung: Westermann Druck Zwickau GmbH
ISBN 978-3-401-70944-4

www.arena-verlag.de

Inhalt

Maria Seidemann

Die schönsten
Abc-Geschichten

Mit Bildern von Thorsten Saleina

Wie ich das ABC der Tiere lernte

Mein Onkel Ottokar
ist ein berühmter Wissenschaftler.
Im vergangenen Sommer nahm er
mich mit auf eine Forschungsreise.
Gemeinsam stiegen wir
auf die Spitzen der Weltmeere
und tauchten auf den Grund
der höchsten Berge.
Wochenlang wanderten wir
durch Urwüste und Sandwald.
Das war eine aufregende Reise!
Ich habe die Tiere der Erde
von A bis Z kennengelernt.

Wir angelten Apfelmeise
und Aschimmel,

beobachteten Bernstelze
und Bachhardiner,

campierten zwischen Chaniel
und Cocker-Spamäleon.

Wir dachten über Dinofin
und Delsaurier nach,

erforschten Eichfant
und Elehörnchen,

fotografierten Flamaus
und Fledermingo.

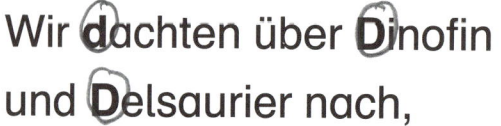

Wir gruben nach Gorich
und Gänserilla,

hypnotisierten Honigbicht
und Habiene,

irrten zwischen Islandgel
und Ipony herum.

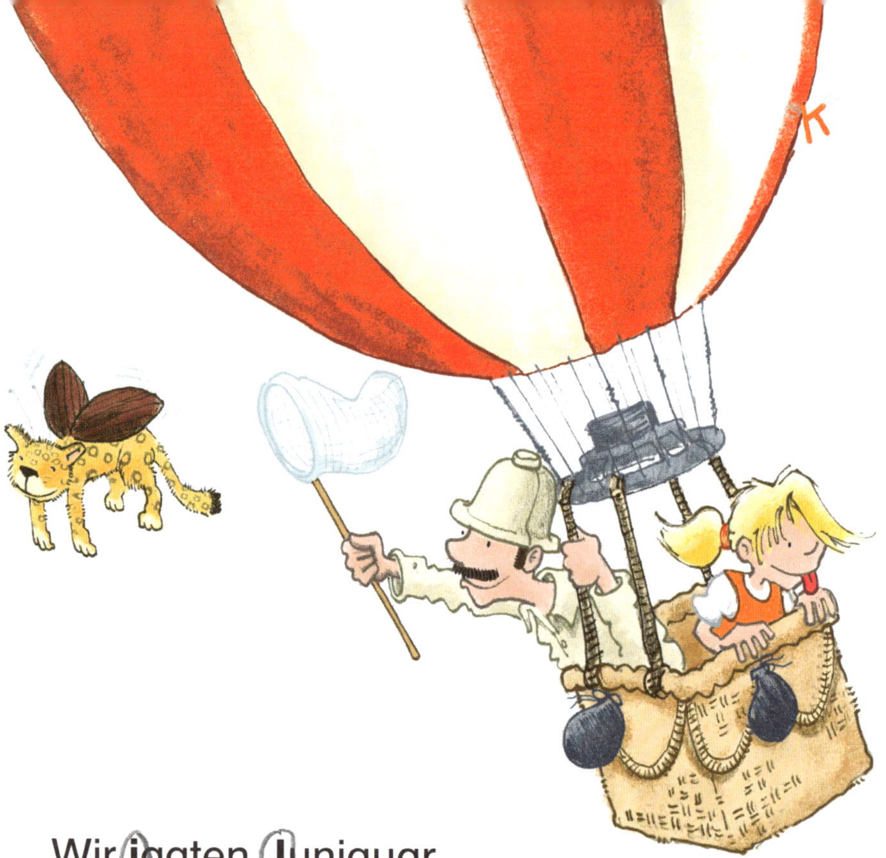

Wir jagten Juniguar
und Jakäfer,

kämpften mit Karu
und Kängumel,

lauschten auf Leobelle
und Lipard.

16

Wir malten Mäusewurf
und Maulbussard ab,

neckten Nilhorn
und Naspferd,

orteten Ochsen-Utan
und Orangfrosch.

Wir pirschten uns an Papguin
und Pinagei heran,

quatschten mit Quielle
und Quatsche-Entchen,

rannten vor Rotzeros
und Rhinokehlchen davon.

Wir suchten nach Siebenling
und Schmetterschläfer,

tauchten nach Turmtaube
und Turtelfalke,

unterschieden genau zwischen
Uferke und Unschwalbe.

Wir verfolgten Vogelfraß
und Vielspinne,

wir wunderten uns über
Walschwein und Wildfisch.

Ihr denkt doch nicht etwa,
ich erzähle euch x-beliebige Faxen?
Ha! Ich war sogar in New York
beim Zitterkönig
und habe Zaunaal gegessen!
Jedes Wort ist wahr,
Buchstabe für Buchstabe!
Und wenn ihr das nicht glaubt,
dann fragt doch
meinen Onkel Ottokar!

☞ Wie bekommst du
die korrekten Namen
der Tiere heraus?

Die Erfindung der Buchstabensuppe

Meine Oma hatte ein kleines Haus.
In ihrem Garten wuchsen
Palmen und Kakteen.
Und hinter dem Zaun ragte
eine Reihe von Vulkanen auf,
die aber schon lange
kein Feuer mehr spuckten.

Zu meinem Schulanfang
lud Oma alle Verwandten ein.
Meine Mutter zählte
die Onkel und die Tanten,
die Nichten und Neffen
und die Urgroßeltern
zusammen und fragte:
„Womit wollen wir bloß
so viele Leute bewirten?"
Aber meine Oma sagte:
„Jeder wird etwas mitbringen."
Und so geschah es auch.

Als meine Oma das Essen
anrichten wollte, donnerte es plötzlich
wie von einem fernen Gewitter.
Aus dem Vulkan hinter dem Haus
stieg eine gewaltige Rauchwolke.
Die Erde begann, zu beben.

Wir rannten alle in den Keller
und hofften, dort vor dem Vulkan
und dem Erdbeben sicher zu sein.
Das Haus wackelte und knackte.
Und dann war plötzlich alles ruhig.
Wir gingen alle wieder nach oben.

In der Küche herrschte
ein schreckliches Chaos.

Tisch und Boden waren bedeckt
mit Fetzen und Pfützen.
Die schönen Zutaten waren
gar nicht wiederzuerkennen!
Aus den Tomaten
waren Matoten geworden,
aus den Bohnen Nohben,
aus dem Wein Newi
und aus den Kartoffeln Tokfarfeln.

„Das können wir nur noch
wegschmeißen!",
jammerte Onkel Ottokar.
„Kommt nicht infrage!",
sagte aber meine Oma.
„Mit Fantasie und Liebe
kann man aus jedem Krümel
ein Festmahl machen!"

Sie scheuchte uns alle
aus der verwüsteten Küche.
Die Gäste gingen in den Garten
und schauten sich die Wolke
über dem Vulkan an.
Nach einer Weile
schlich ich zum Haus
und spähte durch das Fenster.

Am Tisch stand Oma
mit dem Hackmesser.
Auf dem Herd
brodelte ein
riesiger Kessel.

Oma zerhackte die Zutaten,
die bei dem Erdbeben
durcheinandergeraten waren,
in lauter einzelne Buchstaben.

Sima und Newi ergaben
nur wenige Buchstaben.
Aber aus Schoprikapaten,
Schühnerhenkeln
und Kobsmujascheln
schnipselte Oma eine Masse
Buchstaben in den Kessel.
Bald kochten in der Suppe auch
die Buchstaben von
Storreepangen, Schwebskränzen,
Brustkroten und Gewörnkürzern.
Schließlich brachte Oma
den Kessel in den Garten.

In der Suppe schwammen
Hunderte von Buchstaben.
Die Gäste hatten so etwas
noch nie gekostet!
Immer wieder füllten sie
sich ihre Teller.
Wenn sie satt waren, fischten sie
einen Löffel voll Buchstaben
aus dem Kessel und setzten
auf dem Tellerrand
ihre Namen zusammen,
bis sie wieder Hunger bekamen
und weiterfutterten.

So aßen wir bis zum Abend.
Und erst als es dunkel war,
fiel uns ein,
dass wir vergessen hatten,
in die Schule zu gehen.
Denn eigentlich sollte das ja
mein erster Schultag sein.

Dieser Tag blieb allen
lange in Erinnerung.
Nicht nur weil
die Erde gebebt hatte
und weil wir die Schule
vergessen hatten.
Nein, das Wichtigste
an diesem Tag war
die Buchstabensuppe gewesen,
die seither bei allen Festen
unserer Familie gekocht wurde.

Der Besitzer einer Nudelfabrik
kaufte meiner Oma das Rezept ab
und machte daraus eine Tütensuppe.

Aber diese Sockentruppe
mit Bachstuben aus Tudelneig
schmeckt nicht halb so gut
wie die wunderbare Erfindung
aus Omas Kuppensessel!

Und das liegt bestimmt
nicht nur daran, dass es
in der Nadelfubrik
keinen Vulkan gibt.

☞ Kannst du erkennen, was die
verrückten Zutaten in Omas Küche
einmal gewesen sind?

31

Das ABC macht Urlaub

„Was machen eigentlich
die Buchstaben im Urlaub?"
„Das weißt du nicht?
Dann hör zu!"

Das **A** fährt mit seinem alten Auto
ganz allein in die Alpen.

Das **B** brettert mit dem BMX-Rad
begeistert durch Berlin.

Das **C** campt
mit Cola und Chips in China.

Das **D** düst mit der Dampflok
durch Dänemark.

Das **E** erforscht ganz England
mit dem Eselskarren.

Das **F** fährt mit dem Fesselballon
ins ferne Finnland.

Das **G** gleitet
mit dem Gabelstapler
in Grönland über die Gletscher.

Das **H** huscht mit dem Hundeschlitten
durch den Hamburger Hafen.

Das **I** irrt insgeheim
auf Inlineskates durch Island.

Das **J** joggt nach Japan
zum Judo-Lehrgang.

Das **K** klappert mit einer Kutsche
voll Koffer nach Kapstadt.

Das **L** latscht langsam
durchs Legoland.

Das **M** müht sich
mit dem Mähdrescher
übers Meer bis nach Mallorca.

Das **N** nimmt
sein nagelneues Nasenfahrrad
mit zum Nordpol.

Das **O** ordert einen Omnibus
nach Oslo in die Oper.

Das **P** planscht
im Paddelboot durch Paris.

Das **Q** quält sich quietschend
durch die Querstraßen
von Quedlinburg.

Das **R** reitet auf seinem Rentier
nach Russland zum Rodeo.

Das **S** will mit der S-Bahn
durch die Sahara surfen.

Das **T** trainiert in der Türkei
auf dem Tretroller.

Das **U** umfährt
im U-Boot den Urwald.

Das **V** verschwindet
mit seinem violetten Volvo
in einem Vulkan.

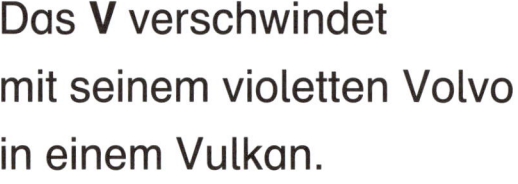

Das **W** wagt sich im Windgleiter
bis ins wundervolle Wien.

Das **X** kraxelt im Taxi
bis nach Xandinavien.

„He! Moment mal!
Das heißt doch Skandinavien!"
„Ach, sei still, du Spaßverderber!"

Das **Y** nimmt die Yacht
nach York zum Yoga-Kurs.

Nur das **Z** bleibt zu Hause
und zockelt in den Zoo.

☞ In welcher Stadt macht das **P**
Urlaub?

Detektiv Blitz auf Buchstabenjagd

Den ganzen Tag klingelt
bei Detektiv Blitz das Handy.
Eine Serie von Verbrechen
beunruhigt die Stadt.
Im KINO wurde das I gestohlen!
Mit seinem Roller
rast Blitz zum Tatort.

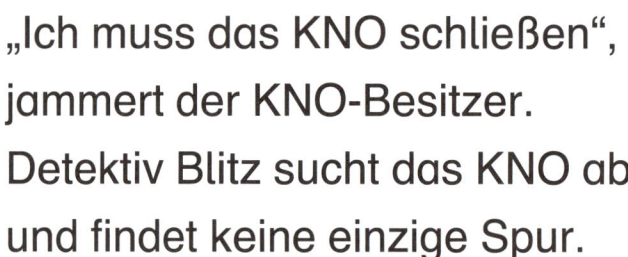

„Ich muss das KNO schließen",
jammert der KNO-Besitzer.
Detektiv Blitz sucht das KNO ab
und findet keine einzige Spur.

B NK

Wieder klingelt das Handy.
Ein Banküberfall! Bei der BANK
ist das A geraubt worden!
Der BNK-Direktor behauptet,
nichts gesehen zu haben.
„Rufen Sie die Polizei!", rät Blitz.
„Das habe ich schon versucht",
antwortet der BNK-Direktor.
„Aber niemand nimmt den Hörer ab!"

OLIZEI

Die Polizei ist selber Opfer
eines Verbrechens geworden.
Das P ist verschwunden!
„Das muss geheim bleiben!",
flüstert der OLIZEI-Chef.
„Die Sicherheit der Stadt
steht auf dem Spiel! Ich gründe
sofort eine Sonderkommission!"

SUPER A KT

„Gibt es Hinweise auf den Täter?",
fragt Detektiv Blitz.
Der OLIZEI-Chef schüttelt den Kopf.
Nicht ein einziger Fingerabdruck
wurde gefunden.
Detektiv Blitz grübelt fieberhaft.
Irgendjemand klaut Buchstaben.
Aber wer? Und warum?
Da kommt der nächste Anruf.
Beim SUPERMARKT sind
M und R verschwunden!

P

„Der SUPERAKT ist geschlossen!",
schimpfen die Kunden.
„Wir können nicht einkaufen!
Sollen wir etwa verhungern?"
Blitz untersucht den Tatort.
Auch hier gibt es keine Spuren.

40

„Vielleicht handelt es sich
gar nicht um Verbrechen?",
überlegt Detektiv Blitz.
„Die Buchstaben könnten ja
selber weggelaufen sein!
Aber wohin?
Und wieso?

APMIR ...
RAMPI ...
PIMRA ...
Das ergibt alles keinen Sinn!"
Blitz rollert in sein Büro,
um in Ruhe nachzudenken.

41

„Moment mal,
hier stimmt etwas nicht!"
Blitz mustert seine Bürotür.
Die Buchstaben auf der Scheibe
sind nicht mehr vollzählig!
„DETEKTI-BÜRO", liest Blitz.
„Wer hat mein V geklaut?"

Vorsichtig öffnet er die Tür.
Er spürt sofort,
dass er nicht allein im Büro ist.
In der Ecke hinter der Tür
bewegt sich etwas.
Die verschwundenen Buchstaben!

„Halt, stehen bleiben!", schreit Blitz.

Die Buchstaben kichern.

„Du kannst uns nicht aufhalten!
Das ganze Leben nur
Bank und Polizei,
Kino und Supermarkt,
das ist uns zu langweilig.
Wir wollen endlich
etwas Aufregendes erleben!"

Die Buchstaben
drängen sich
zu einer Gestalt
zusammen.

AMVIRP? PAMRIV?
VIMPAR?
VAMPIR?

Plötzlich begreift DETEKTI Blitz:
Aus den Buchstaben
ist ein VAMPIR geworden!
Der VAMPIR grinst und schwebt
aus dem Fenster.
Blitz springt auf seinen Namen
und fliegt hinterher.
Seitdem warten KNO-Besitzer,
OLIZEI-Chef, BNK-Direktor
und SUPERAKT-Kunden
auf seine Rückkehr und
auf die Lösung des Falles.

☞ Worauf fliegt der Detektiv?

Lösungen

Wie ich das ABC der Tiere lernte

Setze immer die erste Hälfte des ersten Rätselbegriffs mit der zweiten Hälfte des zweiten Rätselbegriffs zusammen. Dann fügst du die erste Hälfte des zweiten Rätselbegriffs zu der zweiten Hälfte des ersten Rätselbegriffs.

Die Erfindung der Buchstabensuppe

In Omas Küche sind noch Mais, Wein, Paprikaschoten, Hühnerschenkel, Jakobsmuscheln, Porreestangen, Krebsschwänze, Brotkrusten und Gewürzkörner durcheinandergeraten. Außerdem sind auf Seite 31 noch Trockensuppe, Buchstaben, Nudelteig, ein Suppenkessel und die Nudelfabrik verrutscht.

Das ABC macht Urlaub

Das **P** paddelt in Paris.

Detektiv Blitz auf Buchstabenjagd

Detektiv Blitz fliegt auf einem Blitz.

Christina Koenig

Schulweggeschichten

Mit Bildern von Mechthild Weiling-Bäcker

Küken-Alarm

Ole klemmt sein Butterbrot
zwischen die Zähne,
schnappt sich Jacke
und Schulranzen
und flitzt aus dem Haus.
Wenn er sich nicht beeilt,
verpasst er noch
den Bus!

Kauend eilt Ole die Straße hinab.
Immer entlang der Pappeln,
die sein Urgroßvater
einmal gepflanzt hat.
Sobald er an den Nachbarhöfen
vorbei ist,
kann er die Bushaltestelle
schon sehen.

„Piep, piep, piep …"
Was piept denn da so?
Verdutzt dreht Ole sich um.
Ein gelbes, flauschiges Etwas
duckt sich ins Gras:
ein Küken!
„Hast du dich verlaufen?",
fragt Ole besorgt.

Er nimmt das Küken auf
und hält es schützend
in seiner Hand.
Dann biegt er zum Hof
der Bäuerin Ewing ein.
Die ist vielleicht glücklich,
als Ole mit dem Küken kommt.

„Eben lief ein fremder Hund
über den Hof", erzählt sie.
„Genau als Marta
ihre Küken ausführte.
Und plötzlich
war eins verschwunden.
Ich dachte schon,
der Hund hätte es …"
„Nein, nein!",
ruft Ole und lacht.
„Es ist nur abgehauen.
Vor lauter Schreck."

An der Haltestelle ist der Bus
natürlich schon weg.
Jetzt hilft Frau Ewing
Ole aus der Patsche
und fährt ihn zur Schule.

„Ole erzählt uns jetzt
ein tolles Küken-Abenteuer",
verkündet die Lehrerin.
Und Ole erzählt.
Am Schluss klatschen alle
wie wild Applaus.
Jeder will nun unbedingt
das gerettete Küken besuchen.
Vielleicht nächste Woche,
wenn Wandertag ist.

Warum ist das Küken weggelaufen?

Karneval mit Vampir

„Endlich ist Karneval!
Karneval im Schnee!",
jubelt Noah.
Heute dürfen alle Kinder
verkleidet zur Schule kommen.
„Wo sind denn nur
meine Hasenohren?",
wundert sich Noah.
Erst gestern hat er sie
gebastelt und angemalt.
Und plötzlich sind sie
wie vom Erdboden verschluckt.
Bestimmt hat Jo
sie versteckt!
Noah stürmt ins Zimmer
seines Bruders.

54

„Jo, wo hast du …“,
will Noah gerade rufen.
Da springt ein gruseliger Vampir
hinter der Tür hervor.
„Huaaaaaahhh!“
Er hat schwarze Augen
und Blut am Mund.
„Ah, Hilfe!“,
schreit Noah panisch.

„Suchst du vielleicht
deine Ohren,
Mister Angsthase?",
fragt der Vampir frech
und biegt sich vor Lachen.
„Das ist total gemein, Jo!",
zetert Noah los.
„Immer musst du mich ärgern!"

Kurz darauf ist auch noch
Papas Auto kaputt.
Es springt einfach nicht an.
„Na toll", mault Noah.
„Jetzt müssen wir wohl
zu Fuß zur Schule gehen."
Ohne ein einziges Wort
stapfen Hase und Vampir
durch den Schnee.

Noah lässt das beißfreudige
kleine Monster an seiner Seite
nicht aus den Augen.
Schließlich kann man nie wissen.
Dann gleitet sein Blick
in den Himmel.
Ein Ballett aus Schneeflocken
tanzt auf die Erde hinab.
Schön ist das!

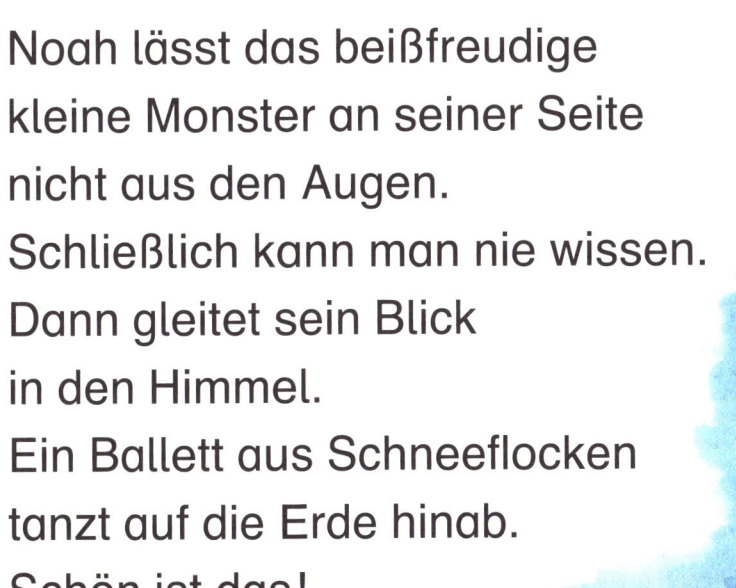

Auf dem Schulhof
ist schon richtig was los.
Indianer, Prinzessinnen,
Hexen, Astronauten,
Schornsteinfeger, Bankräuber
und jede Menge Vampire
bewerfen sich mit Schnee.

Ups! Was ist denn das?
Da liegt ja was!, denkt Noah.
Ein komisches zackiges Ding.
Noah hebt es auf
und wirft es
gleich wieder weg.
Ein Vampirgebiss, brrrrr!

„He, hat jemand
meine Zähne gesehen?
Eben hatte ich sie noch."
Das war doch Jos Stimme!
Ein pfiffiges Grinsen huscht
über Noahs Gesicht.
Vielleicht sollte er Jo mal
einen Streich spielen …

Zum Glück findet Noah
das Gebiss sofort wieder.
Er wischt den Schnee ab
und probiert es mutig an.
Es passt wie angegossen.
Jetzt heißt es abwarten,
bis es Nacht wird.
Finstere Nacht.
Geisterstunde.

Dann wird Noah seinem Bruder
einen kleinen Besuch abstatten.
Er wird Mamas schwarzen
Regenmantel anziehen,
sein Gesicht weiß malen
und die Mundwinkel blutrot.
Genau vor Jos Bett wird er
ein Vampirlachen loslassen,
das sich gewaschen hat.
Wer dann wohl der Angsthase ist?

Wie haben Noah und Jo
sich verkleidet?

Mias Brief

Heute bummelt Mia
nach der Schule
durch die Fußgängerzone
nach Hause.
Schon von Weitem
sieht sie jemanden
auf den Pflastersteinen
neben dem Springbrunnen
sitzen.

Einen Mann mit einem Hund
und einer Blindenbinde
um den Arm.
Wahrscheinlich ein Bettler,
überlegt Mia.
Der Mann hat
einen leeren Schuhkarton
vor seinen Füßen.
Und manche Leute
legen etwas Kleingeld hinein.

Als Mia näher kommt,
erkennt sie auch Börge
aus ihrem Haus.
Börge steht vor dem Mann,
als wolle er ihm
ein bisschen Geld geben.
Das ist ja nett von Börge,
findet Mia.

Dann beobachtet sie,
wie Börge zwei Münzen nimmt,
die neben den Karton
auf die Decke gefallen sind.
Er steckt sie einfach
in seine Hosentasche!

Mia hält die Luft an.
Am liebsten würde sie
hinrennen und sagen,
dass Börge sofort dem Mann
das Geld wiedergeben soll.
Aber Mia traut sich nicht.

Abends kann Mia
nicht einschlafen.
Immerzu denkt sie an Börge.
Irgendwas muss sie doch tun!
Nur was?
Da kommt ihr eine Idee.
Sie wird Börge
einen Brief schreiben.
Gleich am nächsten Morgen.

Lieber Börge,
am besten, Du klaust nie wieder.
Klauen ist nämlich doof.
Oder willst Du vielleicht,
dass Dir jemand
etwas wegklaut?

Die Rächerin der Blinden

Börge wird knallrot vor Wut,
als er Mias Brief liest,
und zerreißt das Papier
in tausend Fetzen.
Aber wer weiß?
Eigentlich ist Börge
ja ganz in Ordnung.
Vielleicht überlegt er es sich
noch anders
und gibt dem Mann
das Geld zurück.
Dann hätte Mias Brief doch
ein bisschen geholfen.

Warum kann Mia abends
nicht einschlafen?

Otto, der Riese

Otto fährt jeden Morgen
mit dem Bus zur Schule.
Da ist immer total viel los.
Aber Otto kriegt das
meistens gar nicht mit.
Kaum sinkt er
auf einen der roten Sitze,
fängt er schon an,
zu träumen.

Manchmal denkt Otto sich
auch Geschichten aus.
Dann ist er
nicht mehr Otto,
sondern was ganz anderes.
Heute ist Otto ein Riese.

68

Der Busfahrer hat extra
ein großes Loch für Otto
oben in den Bus gesägt,
damit Otto überhaupt reinpasst.
Nun sitzt er da wie in einem
schicken Sportwagen.
Und der Wind zerzaust
seine Haare.

„Prima Sicht hier oben",
ruft Otto den anderen zu.
„Ich kann bis zum Mond gucken!"
Ein paar Vögel fliegen
um Ottos Nase herum.
Und im Vorbeifahren pflückt er
einen dicken roten Apfel
von einem Apfelbaum.
So was kann nur ein Riese.

Gleich fahren wir
am Abenteuerspielplatz vorbei,
freut sich Otto.
„Hallo, ihr kleinen Pupser!",
ruft er den tobenden Kindern zu.
Dabei winkt er wie ein König.
„Hallo, riesiger Riese Otto!",
johlen die Kinder zurück.
Die Eltern halten vor Schreck
den Atem an.

Vier Straßen weiter
rollt plötzlich ein Fußball
auf die Straße,
gefolgt von zwei Jungen.
„Achtung, sofort bremsen!",
alarmiert Otto den Busfahrer.
Der Bus kann gerade noch
rechtzeitig stoppen.

„Bist du etwa Hellseher?",
fragt Till,
der neben Otto sitzt.
„Ja genau, ich bin Hellseher",
antwortet Otto
und rollt zum Beweis
hellseherisch mit den Augen.
„Ein sehr berühmter sogar."

Kaum hat er das gesagt,
findet Otto sich
auf einer bunt schillernden
Kristallkugel wieder.
Mit einem Affenzahn
saust er durch die Lüfte.
Weit unter ihm die Straße,
dünn wie eine Spaghetti-Nudel.
Auf der Nudel rennt
eine winzige Ameise.
Ob das der Schulbus ist?

Was ruft Otto den Kindern
auf dem Spielplatz zu?

74

Ein ganz besonderer Freund

Klara und Josi haben einen
ganz besonderen Freund.
Gleich am ersten Schultag
haben sie ihn getroffen.
Seitdem sehen sie ihn
fast jeden Tag.
Auf dem Schulweg hin.
Und auf dem Schulweg zurück.
Ihr Freund steht
auf nur einem Bein.
Am immer selben Ort.

„Wie geht es dir heute?",
fragt Josi,
als sie den Freund
wieder einmal besuchen.

Er duftet warm nach Harz
und weißen Honig-Blüten.
Die Mädchen legen die Arme
um seinen borkigen Stamm.

„Weißt du noch, im Winter?",
fragt Klara Josi.
„Da hatte unser Baum überall
weiße Tupfen."
„Ja", antwortet Josi.
„Und einmal war überall Eis.
Von oben bis unten.
Wie im Märchen
sah das aus."

Klara lacht.
„Und im Frühjahr erst,
wenn er
sein neues Frühlingskleid
bekommt.
Am Anfang sind es
lauter grüne Spitzen.
Wie mit Wasserfarbe gemalt."

Josi streicht liebevoll
über die raue Rinde.
„Und am Schluss haben sich
alle seine Äste und Zweige
hinter tausend Blättern
versteckt."

„Am allerliebsten mag ich
unseren Baum im Sommer",
schwärmt Klara.
„Wenn er weiße Blüten hat,
so wie jetzt."

„Du bist ja
richtig verknallt!",
lacht Josi.
„Und wie", sagt Klara.
„Du vielleicht nicht?"

„Doch, ich auch", gibt Josi zu.
„Wenn das so weitergeht,
kriegt unser Baum noch
rosa Herzchen statt Blüten."

„Weißt du,
was komisch ist, Klara?
Dass unser Baum,
ausgerechnet wenn's kalt wird,
sein Blätterkleid verliert.
Dabei ist es gerade dann
besonders schön.
Orange, rot und gold."
„Ich glaube,
er schenkt seine Blätter
dem Herbstwind",
sagt Josi verträumt.
„Das ist bestimmt sein Freund."

So geht das jeden Tag,
wenn Josi und Klara
von der Schule
nach Hause gehen.
Aber das weiß
außer ihnen niemand.
Es ist ihr großes Geheimnis.

Wann mag Klara den Baum
am liebsten?

Lösungen

Küken-Alarm
Das Küken hatte Angst vor einem fremden Hund. Deshalb ist es weggelaufen.

Karneval mit Vampir
Noah und Jo haben sich als Hase und als Vampir verkleidet.

Mias Brief
Mia kann nicht schlafen, weil sie immerzu an Börge denken muss, der Geld geklaut hat.

Otto, der Riese
Otto ruft den Kindern zu: „Hallo, ihr kleinen Pupser!"

Ein ganz besonderer Freund
Klara mag den Baum im Sommer am liebsten, wenn er weiße Blüten hat.

Ulrike Kaup

Die Buchstabenfee und die verzauberten Wörter

Mit Bildern von Katharina Wieker

Besuch vom kleinen Und

An einem schönen Frühlingsmorgen
schaute die Buchstabenfee
aus ihrem Fenster
in die Welt hinaus.
Da spazierte plötzlich
ein kleines Und vorbei.
„Nanu", sagte die Buchstabenfee.
„Wo kommst du denn her?"

„Ich bin aus einem alten Märchen
weggelaufen",
antwortete das kleine Und.
„Das Märchen heißt Frau Holle.
Schon im ersten Satz
komme ich gleich zweimal vor."
Die Buchstabenfee wunderte sich.
„Komm rein", sagte sie,
„wir trinken Feenbrause.
Und dabei verrätst du mir,
warum du aus dem Märchen
ausgerissen bist."

„Ich bin weggelaufen,
weil mich keiner bemerkt",
seufzte das kleine Und.
Traurig ließ es sich
auf das Sofa plumpsen.
„Fast in jedem Satz
werde ich gebraucht,
und dennoch falle ich keinem auf."
„Ich verstehe",
sagte die Buchstabenfee.
„Du möchtest mal
etwas ganz anderes sein."

„Oh ja", rief das kleine Und.
„Es gibt doch so schöne Wörter.
Zum Beispiel Kolibri
oder Regenbogen oder Mango-Eis."

„Das sind wirklich
ganz besondere Wörter",
sagte die Buchstabenfee.
„In den Ohren der Menschen
klingen sie wie Musik."

„Und die Menschen
bekommen freundliche Gesichter,
wenn sie diese Wörter sprechen",
fügte das kleine Und hinzu.
„Mir würde es ja schon reichen,
wenn ich einen Buchstaben
mehr hätte!"
„Das lässt sich machen",
sagte die Buchstabenfee.
Sie kramte sogleich
ihr Märchenbuch hervor
und schlug die Geschichte
von Frau Holle auf.

Dann nahm sie ihren Zauberstab,
kreiste dreimal über die Buchseiten
und sprach dabei:
„Eins – zwei – drei – H komm herbei,
Frau Holle wird Frau Olle
und das Und zum Hund."
Plötzlich saß ein kleiner Hund
auf dem Sofa.
Genau da, wo gerade noch
das Und gesessen hatte.
Der Hund war so niedlich,
dass die Buchstabenfee
ihn sofort knuddeln musste.

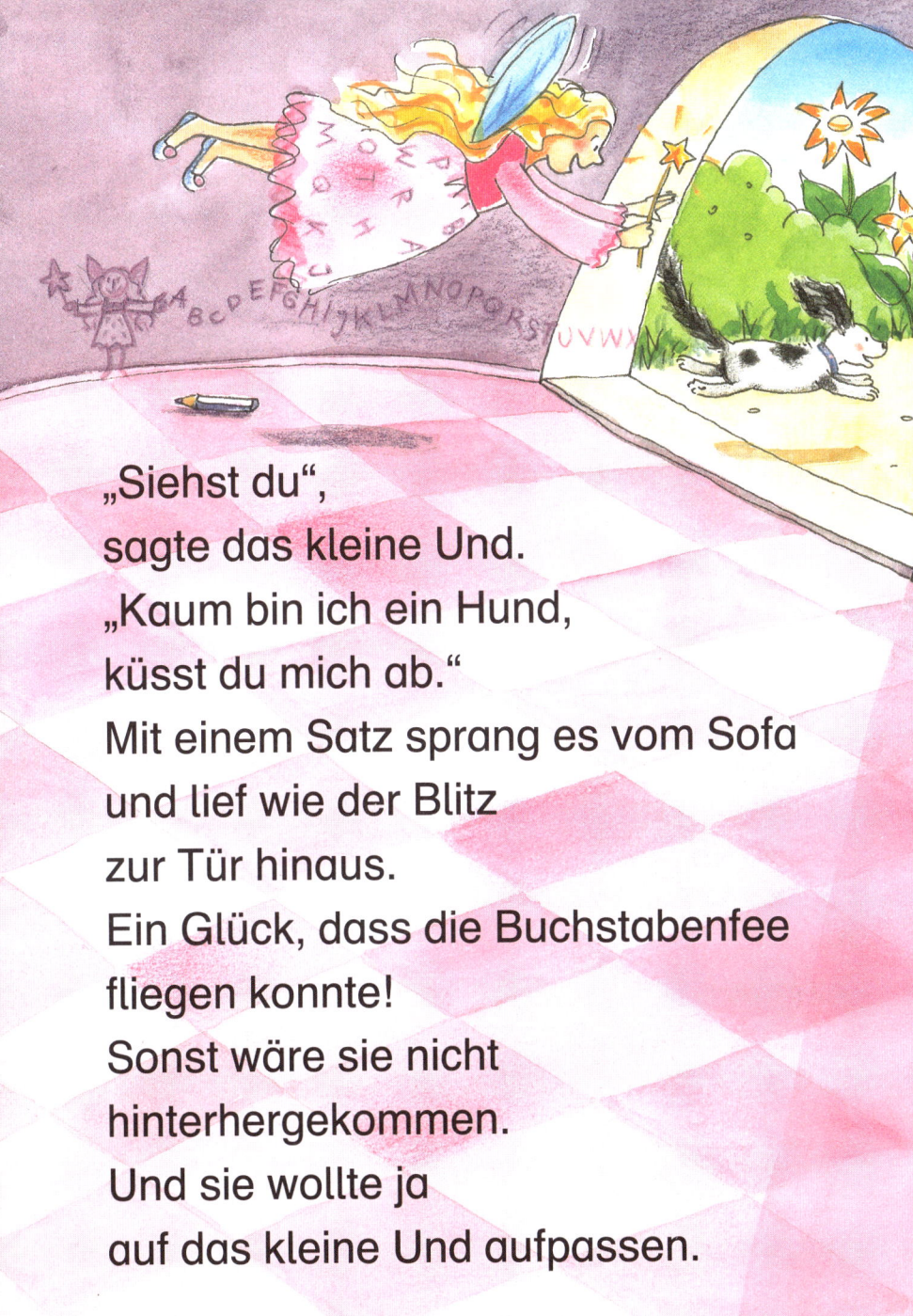

„Siehst du",
sagte das kleine Und.
„Kaum bin ich ein Hund,
küsst du mich ab."
Mit einem Satz sprang es vom Sofa
und lief wie der Blitz
zur Tür hinaus.
Ein Glück, dass die Buchstabenfee
fliegen konnte!
Sonst wäre sie nicht
hinterhergekommen.
Und sie wollte ja
auf das kleine Und aufpassen.

Am Wörtersee

Die Luft roch nach Frühling,
und der kleine Hund schnupperte
den ganzen Wald ab.
Er sprang nach Herzenslust
an den Bäumen hoch
und wälzte sich im Gras.
Einmal jagte er übermütig
einem Jogger hinterher.
Das gefiel dem Jogger gar nicht.

92

„Hau ab, du kleine Ratte!",
schnaufte er und trat sogar
nach dem kleinen Hund.
„Schade,
dass ich nicht fliegen kann!",
sagte der kleine Hund
zur Buchstabenfee.
„Dann würde ich
dem gemeinen Kerl
einfach auf den Kopf machen!"

„Wenn dir das Hundeleben
nicht so richtig gefällt,
dann gehen wir am besten
zum Wörtersee",
schlug die Fee vor.
„Dort kannst du dir
neue Buchstaben angeln."
„Und ich kann mich
wieder verwandeln?",
fragte der kleine Hund.
„Ja", antwortete die Fee.
„Ich bin wirklich gespannt,
was noch alles aus dir wird!"

Von Weitem sah der Wörtersee
wie ein ganz normaler See aus.
Doch sobald man
an seinem Ufer stand,
schillerte er in allen Farben.
So viele bunte Buchstaben
schwammen darin.
Und wenn man genau hinsah,
entdeckte man auch ganze Wörter.

Drei Versuche

„Hier hast du
meine Buchstabenangel",
sagte die Fee zum kleinen Hund.
„Fisch dir was Schönes heraus!
Du hast drei Versuche."
Sofort warf der kleine Hund
die Angel aus.
„Hoffentlich bleibt gleich
ein ganzes Wort daran hängen",
sagte er übermütig.

Kaum war der Wunsch
ausgesprochen,
da zappelte schon etwas
an der Angel.
„Ich hab eins!",
schrie der kleine Hund aufgeregt.
An der Angel hing das Wort „Leine".

„Oje!", sagte die Fee.
„Ich kann mir
gar nicht vorstellen,
dass du eine Hunde-Leine
werden willst!"
„Auf keinen Fall!",
rief der kleine Hund entsetzt.
„Dann hänge ich ja
den ganzen Tag
an irgendeinem Haken herum
oder werde
durch die Gegend gezogen!"
„Wirf das Wort
wieder in den See,
und versuch es noch einmal!",
sagte die Fee.

Beim zweiten Mal
hatte der kleine Hund
noch weniger Glück.
An der Angel hing
das Wort „Haufen"!

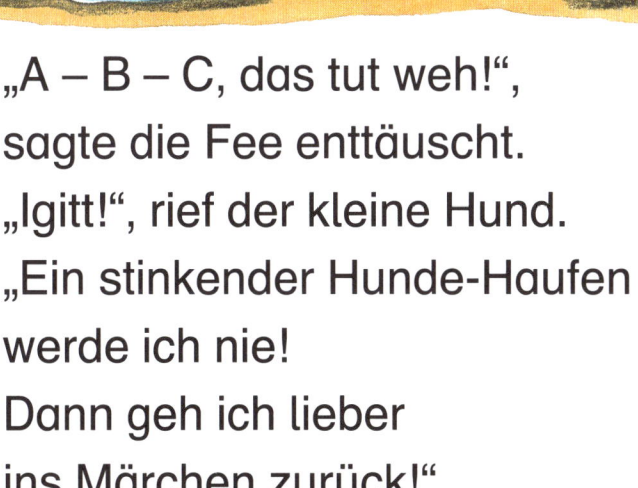

„A – B – C, das tut weh!",
sagte die Fee enttäuscht.
„Igitt!", rief der kleine Hund.
„Ein stinkender Hunde-Haufen
werde ich nie!
Dann geh ich lieber
ins Märchen zurück!"

„Jetzt hast du noch
einen letzten Versuch!",
sagte die Buchstabenfee.
„A – B – C, jetzt muss es klappen,
was Schönes soll der Hund
sich schnappen!"
Und siehe da –
diesmal hing das Wort „Vogel"
an der Angel.
„Glück gehabt!",
sagte die Buchstabenfee.
„Vogel-Hund!"

„Aber einen Vogel-Hund
gibt es doch gar nicht",
entgegnete der kleine Hund.
„Was nicht ist,
kann ja noch werden!",
sagte die Fee.
Und schon wuchsen
dem kleinen Hund
ein Paar prächtige Flügel.

Er erhob sich in die Lüfte
und flog vor Freude
über seine Verwandlung
eine Acht nach der anderen.
Da ließ die Buchstabenfee
nicht lange auf sich warten.
„Flieg mit mir
ins Land der kleinen Wörter!",
rief sie dem Vogel-Hund zu.
„Dort lebt das kleine Nie.
Es hat morgen Namenstag,
und wir wollen mit ihm feiern."

Im Land der kleinen Wörter

Wenn im Land der kleinen Wörter
ein Wort Namenstag hat,
bringt die Buchstabenfee
einen Pustekuchen mit.
Die Gäste vom kleinen Nie
freuten sich schon darauf.

Die Gäste, das waren:
das kleine Du, das kleine In
und das kleine Am.
Alle aßen sie ein Stück
vom Pustekuchen.
Nur die Mitte blieb übrig.

Und als sie satt waren,
sagte die Buchstabenfee
zum kleinen Nie:
„Puste über den Kuchen,
dann fliegen Buchstaben heraus!
Und du darfst dir einen fangen
und dich verwandeln!"

Das gefiel dem kleinen Nie,
und es pustete so kräftig,
als wollte es
einen Luftballon aufblasen.
Überall wirbelten jetzt
die Buchstaben umher,
und das kleine Nie
konnte sich mühelos
einen davon schnappen.

„Welchen hast du erwischt?",
fragte der Vogel-Hund neugierig.
„Ein X!",
antwortete das kleine Nie kleinlaut.
„Was kann man denn
mit einem X anfangen?
Das will doch keiner haben!
Wenn ich wenigstens
ein K geangelt hätte,
dann wäre ich jetzt ein Knie!
Aber ein Xnie –
das gibt es doch gar nicht!"

„Wer will denn schon
ein Knie sein",
entgegnete die Buchstabenfee.
„Womöglich noch mit einem Pflaster!
Mit einem X aber kannst du dich
wunderbar verwandeln.
Du musst das X
nur in deine Mitte nehmen."

Buchstabenwirbel

Und als das kleine Nie
den Ratschlag der Fee befolgte,
wurde es zu einer Nixe.
Da staunten die Gäste.
„Du bist wunderschön!",
sagte das kleine Du.

„Springst du jetzt in das Meer?",
fragte das kleine In.
„Ich möchte am liebsten auch
verzaubert werden!",
wünschte sich das kleine Am.
„Es wäre schön,
wenn ich ein Tier sein könnte.
Ein Stück nur
von einem Elefanten!"

„Kein Problem", sagte die Fee.
Sie hob den Zauberstab und rief:
„Lieber Elefant!
Schick mir in mein Land
ein E und ein L –
zum Wörtersee, ganz schnell!
Ein K dazu von mir –
und fertig ist das Tier!"

Schon flogen
ein E und ein L herbei
und hängten sich
an das kleine Am.
Und das K setzte sich
ganz frech davor.
„Du bist jetzt ein Kamel",
sagte das kleine Du.
„Gefällt dir das?"

„Ich mag meine Höcker
und mein Fell", sagte das Kamel.
„Aber ein langer Rüssel
wäre auch nicht schlecht."
„Sag doch gleich,
du willst noch mehr
vom Elefanten!", sagte die Fee
und hob den Zauberstab
ein zweites Mal.
„Lieber Elefant!
Schick mir auch den Rest
zu unserm schönen Fest!"
Wie beim ersten Mal
kamen sogleich
die Buchstaben angeflogen,
um sich an das Kamel zu hängen:

„Ein Kamelefant!",
rief der Vogel-Hund erfreut.
Denn jetzt war er
nicht mehr der Einzige,
der irgendwie anders war.
Und die Nixe fragte:
„Kannst du mich vielleicht
ans Meer bringen?"

Da hob der Kamelefant die Nixe
mit seinem Rüssel hoch,
setzte sie auf seinen Rücken
und trottete los.
Allen voran aber
flogen die Buchstabenfee
und der Vogel-Hund.
Und wer sie sah,
der kam aus dem Staunen
nicht mehr heraus.

Der Buchstabenstein

„Was passiert denn
mit den Buchstaben,
die sich keiner geschnappt hat?",
fragte die Nixe auf einmal.
„Die gehen nicht verloren",
erklärte die Buchstabenfee.

NANU

„Dafür gibt es
die Buchstabensteine.
Wie Magnete ziehen sie
alle Buchstaben an,
die durch die Luft wirbeln.
Und wer möchte,
darf sich welche nehmen."
„Ich möchte!",
sagte die Nixe sofort.
„Gleich kommen wir
an so einem Stein vorbei.
Dann machen wir eine Pause",
kündigte die Buchstabenfee an.
Nun hielt die Nixe
unermüdlich Ausschau
nach dem magischen Stein.

Und als sie ihn
endlich entdeckt hatte,
kletterte sie vom Kamelefant
und schnappte sich
fünf Buchstaben auf einmal:

„Tanch-Nixe!
Was soll denn daraus werden?",
fragte der Kamelefant.
„Ich hab's!", rief die Fee.
„Nacht-Nixe!"
Im gleichen Moment
leuchtete die Nixe auf
wie ein Glühwürmchen.
Und das war auch gut so.

Denn als sie schließlich
das große Meer erreichten,
war es längst dunkel geworden.
„Auf Wiedersehen, Freunde!",
rief die Nacht-Nixe.
„Und vielen Dank
für meine wunderbare Verwandlung.
Ich kehre nie mehr
ins Land der kleinen Wörter zurück,
denn das Meer liegt mir zu Füßen."

Dann sprang sie froh gelaunt
in die Wellen.
Und dort, wo sie untertauchte,
war noch lange
ein Leuchten zu sehen.

Unter dem Buchstabenbaum

„Ich suche mir jetzt
ein großes Schiff",
sagte der Kamelefant
am nächsten Morgen.
„Dann fahre ich
auf das Meer hinaus."
„Willst du zur Nacht-Nixe?",
fragte der Vogel-Hund neugierig.
„Nein!",
antwortete der Kamelefant.
„Ich will nach Afrika.
Denn ich möchte die Wüste sehen
und den Dschungel!"

„Und ich will nach Hause!
In meinen Garten!",
sagte die Buchstabenfee.
„Dort blüht nämlich heute
das Buchstabenbäumchen!
Und wer es schüttelt,
darf ein Wunder erleben!"
„Wunderbar!",
rief der Vogel-Hund.
„Dann begleite ich dich!"

So erhoben sie sich in die Lüfte
und flogen so schnell
zum Haus der Fee,
dass der Wind ihnen
um die Ohren sauste.
Schließlich landeten sie
im Garten der Buchstabenfee,
direkt unter dem Buchstabenbaum.

Der Vogel-Hund lief eine Runde
nach der anderen
um den Stamm herum.
So aufgeregt war er.
Da hob die Buchstabenfee
ihren Zauberstab und sagte:
„Kleines Und, wirf alles fort,
bald wirst du ein neues Wort!"
„Hilfe, was hast du
mit mir gemacht?",
rief das kleine Und entsetzt.
Es war nun wieder
ein einfaches kleines Und.

Im Buchstabenbäumchen aber
saß ein Vogel,
der hielt ein H im Schnabel.
„Nicht immer gleich jammern!",
sagte die Fee zum kleinen Und.
„Vertrau mir doch!"
Wieder hob sie den Zauberstab:
„Schüttle dich, mein lieber Baum,
erfülle bitte unsern Traum!
Lass das kleine Und schön klingen,
und die Welt hebt an, zu singen."

Da schüttelte ein sanfter Wind
die Zweige des Baumes,
bis sich zehn Buchstaben lösten.
Die wirbelten nun
um das kleine Und herum.
Und so wurde es
zu einer Mundharmonika.
Die Buchstabenfee spielte sofort
ein Lied darauf.
Das klang schöner
als das schönste Wort.
Und jeder, der es hörte,
schaute freundlich
in den Tag hinein
und wollte gleich mitsingen.

Jetzt war das kleine Und
rundherum glücklich.
Der Vogel aber
mit dem H im Schnabel
flog in die Welt hinaus.
Denn irgendwo
wartet bestimmt ein Wort,
das sich auch einmal
verwandeln möchte.
Doch das
ist eine andere Geschichte.

**Kunterbunte
Kinderwitze**
978-3-401-70797-6

**Lustige Gespenster-
geschichten**
978-3-401-70167-7

Piratengeschichten
978-3-401-70228-5

Lustige Reimgeschichten
978-3-401-70013-7

Jeder Band: Ab 6/7 Jahren • *Kleine Geschichten* • Durchgehend farbig illustriert
48 Seiten • Gebunden • Format 15,9 x 21,1 cm

**Mit Bücherbärfigur
am Lesebändchen
und Fragen zum
Leseverständnis**

Zeilentrennung
nach Sinneinheiten

Sehr einfache Textgliederung für
das erste Lesejahr

Große
Fibelschrift

„Gut, dass du uns gerufen hast",
sagt Sandor.
„Diese Zeichnungen
sind sehr wertvoll für uns.
Sie zeigen uns den Pfad,
den die Mammutherde
nehmen wird."
Und Elgor ergänzt:
„Siehst du das, Rion?
Wenn die Blätter der Bäume
ihre Farbe wechseln,
werden die Mammuts
zum großen Fluss ziehen."

Am Abend sitzen alle
um das Feuer herum
und machen Pläne.
„Wir müssen
ein Mammut erlegen",
sagt Sandor.
„Dann haben
unsere Frauen und Kinder
viele Monde lang
genug zu essen."
„Aber ich kann kein Blut sehen",
sagt der faule Kerk.

Hoher Illustrations-
anteil

Innenseite aus »Mammutjäger-Geschichten«
ISBN 978-3-401-09771-8

Die kurzen Geschichten rund um ein beliebtes Thema sind besonders gut zum
allerersten Selberlesen geeignet. Durch die klare Textgliederung und die vielen
farbigen Illustrationen ist das Lesen ganz leicht.

In Zusammenarbeit mit
westermann

*Eine Geschichte
für Erstleser*

**Gefahr am
Schlangenfluss**
978-3-401-70647-4

**Ein Fall für die
Geisterjäger**
978-3-401-70605-4

**Drei Freunde und das Ge-
heimnis der Buchstaben**
978-3-401-70604-7

Das Schulweggeheimnis
978-3-401-70474-6

Jeder Band: Ab 6 Jahren • Eine Geschichte für Erstleser • Durchgehend farbig illustriert
56 Seiten • Gebunden • Format 15,9 x 21,1 cm

**Mit Bücherbärfigur
am Lesebändchen**

Klare Textgliederung

Eine kleine Geschichte in kurzen
Kapiteln für das erste Lesejahr

Große
Fibelschrift

Mäx sieht Anja überrascht an.
Ist er wirklich stark?
Das hat ihm
noch niemand gesagt
Auf einmal ist ihm
überhaupt nicht mehr so übel.

Mäx hat eine Idee

Am nächsten Tag gehen
Mäx und Anja
gemeinsam zur Schule.
Völlig begeistert erzählt Anja
der ganzen Klasse,
wie Mäx
den Wurm geschluckt hat.
Er, der kleine Mäx Kalender,
hat sich nicht unterkriegen lassen.
Mäx ist der Held der 2 b!
In der Pause sieht Mäx
seine Erpresser auf dem Schulhof.

33

Innenseite aus »Zusammen sind wir stark«
978-3-401-70035-9

Für geübte Leseanfänger ist eine längere durchgehende Geschichte genau
das Richtige! Mit der großen Schrift, den kleinen Kapiteln und den vielen farbigen
Bildern macht das erste Lesen viel Spaß.

In Zusammenarbeit mit

westermann

Freundschafts-
geschichten
978-3-401-70074-8

Pferdegeschichten
978-3-401-70048-9

Baumhausgeschichten
978-3-401-70079-3

Wikinger-Geschichten
978-3-401-70383-1

Jeder Band: Ab 7/8 Jahren • Kurze Geschichten • Durchgehend farbig illustriert
72 Seiten • Gebunden • Format 15,9 x 21,1 cm

Mit Bücherbärfigur am
Lesebändchen

Kurze Geschichten zu einem
Thema für fortgeschrittene Leser

Hoher Illustrationsanteil

Fibelschrift

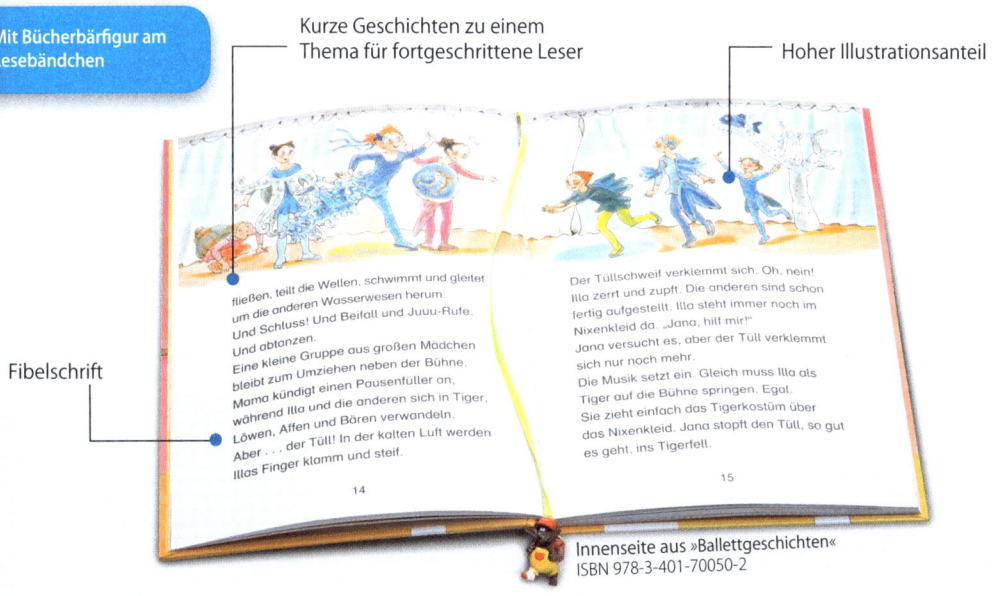

Innenseite aus »Ballettgeschichten«
ISBN 978-3-401-70050-2

In mehreren Geschichten für geübtere Leser zu einem attraktiven Kinderthema,
gibt es viel Spannendes und Neues zu entdecken. Alle Geschichten sind von
bekannten Autoren.

In Zusammenarbeit mit
westermann

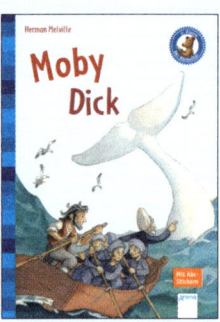

Der Zauberer von Oz
978-3-401-70094-6

**Sherlock Holmes,
der Meisterdetektiv**
978-3-401-70712-9

Moby Dick
978-3-401-70186-8

Däumelinchen
978-3-401-70489-0

Jeder Band: Ab 7/8 Jahren • Klassiker für Erstleser • Durchgehend farbig illustriert
72 Seiten • Gebunden • Format 15,9 x 21,1 cm

Mit Bücherbärfigur am
Lesebändchen

Flattersatz ohne
Trennungen

Textbegleitende
Illustrationen

Fibelschrift

> Als d'Artagnan beim Kloster eintraf, saß dort der Invalide bereits auf einem Stein. „Ich habe zwei Freunde als Zeugen eingeladen", sagte er und zeigte dabei auf zwei Musketiere. Der eine war groß wie ein Riese, der andere von schlankerer Gestalt.
> „Das sind Eure Freunde?", amüsierte sich d'Artagnan.
> Als die beiden Musketiere herankamen, brachen auch sie in schallendes Gelächter aus.
> „Lieber Athos", wieherte der größere von beiden. „Mit diesem Herrn bin ich ebenfalls verabredet!"

> Und der zweite ergänzte: „Und ich auch! Er muss verrückt sein. Drei Duelle an einem Nachmittag!"
> „Darum sollten wir uns sputen", riet d'Artagnan. Er und der größere zogen fast gleichzeitig die Degen. Und schon ging es los mit dem Stechen und Schlagen. Mal lag der Vorteil bei dem einen, dann winkte wieder dem anderen das Glück. Als es gerade auf d'Artagnans Seite war, erschien die Wache des Kardinals.
> „Sofort die Degen nieder!", befahl ihr Kommandeur. „Im Namen des Kardinals! Ihr seid verhaftet!"

Innenseite aus »Die drei Musketiere«
ISBN 978-3-401-09508-0

In Zusammenarbeit mit
westermann